AF356972

ORDONNANCE DU ROI,

Concernant les Milices Garde-côtes de Languedoc.

Du 15 Mai 1758.

DE PAR LE ROI.

SA MAJESTÉ s'étant fait repréfenter l'ordonnance rendue le 9 juin 1757, concernant les Milices Garde-côtes de la province de Languedoc; & étant informée qu'elle contient des difpofitions dont l'exécution pourroit rencontrer des difficultés, Elle a jugé à propos de les prévenir, en rappelant dans la préfente ordonnance, les difpofitions de celle du 9 juin, qui doivent fubfifter, & en y faifant les changemens, interprétations &

A

additions dont elle a paru fufceptible. Sur quoi voulant expliquer plus particulièrement fes intentions, SA MAJESTÉ a ordonné & ordonne ce qui fuit:

ARTICLE PREMIER.

SA MAJESTÉ révoque les Provifions & Commiffions expédiées avant le 12 juin 1757, tant aux Capitaines, Majors & Lieutenans, qu'aux Capitaines des compagnies détachées, & Aides-majors des fept capitaineries Garde-côtes de la province de Languedoc, établies par le règlement du 22 juillet 1721: lefquels Capitaines, Majors & Lieutenans defdites capitaineries, continueront néanmoins de jouir pendant leur vie, des mêmes exemptions & priviléges dont ils jouiffoient.

I I.

AU lieu defdites fept capitaineries Garde-côtes établies en Languedoc, il n'y en aura plus à l'avenir que cinq, fous les noms de *Montpellier*, de *Lunel*, de *Cette*, de *Béfiers* & de *Narbonne*.

I I I.

LA première Capitainerie, appelée de *Montpellier*, fera compofée des paroiffes & communautés de

Mauguio.	Teiran.	Fabregues.
Saint-Marcel.	Affas.	Sauffan.
Saint-Aunès.	Montferrier.	Cournonteral.
Perols.	Baillarguet.	Cournonfec.
Vendargues.	Saint-George.	Gigean.
Leirargues.	Juvignac.	Montbazin.
Meirargues.	Grabels.	Gremian.
Clapiers.	Murviel.	Villeneuve.
Caftelnau.	Pignan.	Vic.
Le Crès.	Saint-Jean-de-Vedas.	Mireval.
Jacou.	La Verune.	

La

La seconde Capitainerie, appelée de *Lunel*, sera composée des paroisses & communautés de

Lunel.
Aimagues.
Marsillargues.
Lunel-vieil.
Saint Nazaire.

Lansargues.
Candillargues.
Mudazon.
Saint-Just.
Baillargues.

Colombiers.
Saint-Brès.
Castries.
Saint-Geniès.
Valergues.

La troisième Capitainerie, appelée de *Cette*, sera composée des paroisses & communautés de

Cette.
Frontignan.
Balaruc & les Bains.
Bouzigues.
Poussan.

Loupian.
Meze.
Agde.
Marseillan.
Florensac.

Pomerols.
Castelnau-de-Guers.
Pinet.
Aumes.

La quatrième Capitainerie, appelée de *Béfiers*, sera composée des paroisses & communautés de

Bessan.
Vias.
Saint-Thibery.
Néfignan-l'Évêque.
Valros.
Montblan.
Tourbes.
Portirargues.
Rocaute.
Corneillan.

Boujan.
Maureillan.
Bassan.
Villeneuve.
Cers.
Sérignan.
Sauvian.
Thezan.
Maraussan.
Vendres.

Lespignan.
Nissan.
Colombiers.
Capestan.
Montoulies.
Cressan.
Poilhes.
Montady.
Puisserguier.
Cruzy.

La cinquième Capitainerie, appelée de *Narbonne*, sera composée des paroisses & communautés de

Pérignan.
Sales.
Coursan.

Vinassan.
Gruissan.
Armissan.

Cuxac.
Moussan.
Marcourignan.

Ornaifon.	Saint-Nazaire.	Sijean.
Bizanet.	Villefeque.	Leucate.
Auveillan.	Saint-Jean-le-Baron.	Fitou.
Saleles.	Ambres.	Saint-Laurent.
Montredon.	Caftelmaure.	Peiriac.
Saint-André.	Fraiffe.	Bages.
Montferrat.	La Palme.	Portel.
Roquefort.	Treilles.	Thezan.
Saint-Marcel.	Feuilla.	Fonjoncoufe.

I V.

TOUS les habitans non claffés dans les paroiffes dénommées dans l'article précédent, depuis l'âge de feize ans jufqu'à foixante, feront affujétis au fervice de la Garde-côte dans les cinq capitaineries ci-deffus, & lefdites paroiffes feront exemptes de fournir des hommes pour les Milices de terre.

V.

IL fera établi par Sa Majefté un Infpecteur général defdites capitaineries Garde-côtes, qui aura, fous l'autorité du Gouverneur ou du Commandant général dans la province, non feulement l'infpection & le commandement général fur toutes les Milices defdites capitaineries Garde-côtes, mais encore fur tous les poftes, à l'exception de ceux où il y aura des Commandans pour Sa Majefté; & il rendra compte de toutes fes opérations au Secrétaire d'État ayant le département de la Marine.

V I.

CHAQUE capitainerie Garde-côte fera commandée par un Capitaine général, qui aura fous lui un Major & un Aide-major, pour avoir particulièrement le détail de ce qui concernera les compagnies détachées.

V I I.

L'INSPECTEUR général aura rang de Colonel, les Capitaines généraux de Lieutenant-colonel, les Majors de Capitaine, & les Aides-majors de Lieutenant d'Infanterie.

V I I I.

TOUT Aide-major commandera tous les Lieutenans, & ne pourra avoir rang & commiſſion de Capitaine qu'après deux ans d'exercice d'Aide-major; s'il s'en trouvoit néanmoins qui euſſent déjà la commiſſion de Capitaine d'Infanterie, veut Sa Majeſté qu'ils en conſervent le rang.

I X.

IL y aura à l'avenir dans chacune deſdites cinq capitaineries Garde-côtes, huit compagnies détachées, de cinquante hommes chacune, formant un corps de quatre cens hommes.

X.

CHACUNE deſdites compagnies détachées ſera commandée par un Capitaine & un Lieutenant, & ſera compoſée de deux Sergens, deux Caporaux, deux Anſpeſſades, un Tambour & quarante-trois Fuſiliers.

X I.

IL ſera expédié des proviſions aux Capitaines généraux, des commiſſions aux Majors, & des brevets aux Aides-majors des capitaineries Garde-côtes, ſur leſquels il ſera pris l'attache de l'Amiral de France, devant qui leſdits Officiers prêteront ſerment, ou devant ſes Lieutenans aux Siéges d'Amirauté dans le reſſort deſquels ils feront établis, & y feront enregiſtrer leſdites proviſions, commiſſions & brevets. Il ſera payé aux Officiers d'Amirauté pour tous droits de preſtation de ſerment, réception & enregiſtrement, ſavoir; par les Capitaines généraux, la ſomme de ſix livres; par les Majors, celle de cinq livres, conformément à l'ordonnance du 3 juillet 1725, & celle de vingt ſols par les Aides-majors.

X I I.

IL ſera auſſi expédié des commiſſions de Sa Majeſté à tous les Capitaines des compagnies détachées, qui prendront également l'attache de l'Amiral de France ſur leurs commiſſions, lesquelles seront enregistrées par extrait au greffe de l'Amirauté du ressort; & il sera payé par lesdits Capitaines vingt sols pour tous droits & enregistrement, conformément à l'ordonnance du 4 novembre 1734.

X I I I.

JOUIRONT l'Inspecteur général, les Capitaines généraux, Majors, Aides-majors, & les Capitaines des compagnies détachées, de l'exemption de tutelle, curatelle, nomination à icelles, & autres charges de ville; & ce service leur tiendra lieu de celui qu'ils pourroient rendre dans les armées, de même qu'au ban & arrière-ban dont ils seront exempts.

X I V.

POUR exciter tous les Officiers ci-dessus, à remplir avec zèle & exactitude les fonctions de leurs emplois, Sa Majesté veut bien leur faire espérer de participer aux graces qu'Elle accorde aux Officiers de ses troupes, sur le compte qui sera rendu de leur conduite & de leurs actions au Secrétaire d'État ayant le département de la Marine, par les Gouverneur & Commandant général de la province, & par l'Inspecteur général.

X V.

L'INSPECTEUR GÉNÉRAL nommera au Commandant en chef de la province, les Officiers qu'il estimera propres pour remplir les places qui seront vacantes dans les États-majors des capitaineries.

Le Capitaine général de chaque capitainerie, fera connoître au Commandant en chef de la province, les Officiers qui conviendront le mieux pour les places des Capitaines des compagnies détachées qui seront vacantes, après néanmoins qu'il les aura fait agréer par l'Inspecteur général, afin que ledit Commandant en chef les puisse proposer au Secrétaire d'État ayant le département de la Marine.

X V I.

X V I.

L'Inspecteur général ne pourra, en temps de guerre, s'abfenter de fon département pour plus d'un mois, fans en informer le Secrétaire d'État ayant le département de la Marine, à l'effet d'obtenir un congé de Sa Majefté.

Les Capitaines généraux des capitaineries, ne pourront auffi, en temps de guerre, s'abfenter de leur réfidence pour plus de quinze jours, fans en avoir obtenu la permiffion du Gouverneur ou Commandant général dans la province. Lorfqu'ils feront dans le cas de s'abfenter pour plus d'un mois, ils feront tenus de s'adreffer audit Gouverneur ou Commandant général, pour leur faire obtenir un congé de Sa Majefté; & dès qu'ils l'auront obtenu, ils en donneront avis à l'Infpecteur général.

Les Majors, Aides-majors & autres Officiers des compagnies Garde-côtes, ne pourront également, en temps de guerre, s'abfenter de leur réfidence pour plus de quinze jours, fans en avoir obtenu une permiffion de leurs Capitaines généraux qui feront tenus d'en rendre compte à l'Infpecteur général, & pour plus d'un mois, fans une permiffion du Gouverneur ou Commandant général de la province, laquelle fera demandée pour eux par leur Capitaine général, qui en rendra compte à l'Infpecteur.

X V I I.

Lesdits Infpecteur général, Capitaines généraux & autres Officiers de la Garde-côte, ne pourront ordonner aucune impofition, charroi ni corvée, dans les paroiffes & communautés de leur diftrict; & lorfqu'il y aura des munitions & uftenfiles pour l'ufage des compagnies détachées à voiturer, ils s'adrefferont à l'Intendant de la province, ou à fon Subdélégué.

X V I I I.

Veut Sa Majefté, que pour dédommager les Officiers de l'État-major des capitaineries Garde-côtes, des dépenfes qu'ils feront obligés de faire à l'occafion de leur fervice, il leur foit

payé par année, favoir; à l'Inſpecteur général, trois mille livres;
aux Capitaines généraux, quatre cens quatre-vingt livres; aux
Majors, quatre cens vingt livres; & aux Aides-majors, trois cens
ſoixante livres.

X I X.

LES quatre cens hommes formant le corps des huit compagnies détachées de chaque capitainerie, ſeront pris ſur tous
les habitans ſujets au ſervice de la Garde-côte, dans les paroiſſes
& communautés affectées à chaque capitainerie par l'article III
de la préſente ordonnance; & il ſera établi par un règlement
ultérieur, le nombre d'hommes que chacune deſdites paroiſſes
ou communautés devra fournir pour former leſdites compagnies
détachées, proportionnellement à la force deſdites paroiſſes &
communautés.

X X.

LA formation des compagnies détachées Garde-côtes, ſe
fera par la voie du ſort; à l'effet de quoi, il ſera inceſſamment
procédé par les Subdélégués que l'Intendant de la province
commettra, en préſence du Capitaine général de chaque capitainerie, à la levée du nombre d'hommes que chaque communauté doit fournir; & les Maire & Conſuls ſeront tenus de
repréſenter le rôle général des habitans de chacune deſdites
communautés, dont lecture leur ſera faite lors de leur aſſemblée, pour tirer au ſort, après laquelle, les plaintes qu'ils auroient
lieu de faire pour cauſe d'omiſſions, ne ſeront point reçûes.

X X I.

LES garçons ou hommes mariés propres au ſervice, qui ſe
préſenteront de bonne volonté pour ſervir dans leſdites compagnies détachées, ſeront admis à la décharge de leur paroiſſe
ſans tirer au ſort.

X X I I.

PERMET Sa Majeſté à ceux auxquels le ſort ſera échu pour
ſervir dans leſdites compagnies détachées, de mettre à leur place

d'autres hommes de taille & d'âge requis, pourvû qu'ils ſoient de la même communauté, & non d'aucune autre; & ce, avec l'agrément par écrit de l'Intendant de la Province, ou de ceux qu'il aura ſubdélégués à cet effet.

X X I I I.

CELUI qui ſervira pour un autre, ne ſera pas diſpenſé lors des remplacemens, après l'échéance des cinq années du ſervice qu'il aura rempli pour un autre, de tirer au ſort avec les garçons & hommes de ſa paroiſſe, & de ſervir pour ſadite paroiſſe ſi le ſort lui échoit; & dans le cas où il viendroit à décéder, celui pour lequel il ſervoit ſera tenu de ſervir ou de mettre un nouvel homme à ſa place, juſqu'à l'expiration du temps fixé pour le ſervice, après lequel il ſera licencié comme s'il eût ſervi perſonnellement.

X X I V.

DANS le cas où celui qui en aura mis un autre à ſa place, décéderoit avant l'expiration du temps fixé pour le ſervice, il ſera remplacé au prochain tirage comme s'il eût ſervi perſonnellement, & celui qui ſervoit à ſa place ſera libre, bien entendu toutesfois que dans ce cas, comme dans celui où il auroit ſervi pour un autre pendant la totalité du temps fixé, il demeurera tenu de tirer au ſort dans ſa paroiſſe lors des remplacemens qu'il y aura à faire dans les compagnies détachées, tant que le ſort ne lui ſera pas échu.

X X V.

LES Charpentiers de navires, Calfats, Voiliers, & autres ouvriers uniquement affectés au ſervice de la Marine, ou à celui des particuliers qui équipent des vaiſſeaux, tant en guerre qu'en marchandiſes, & deſquels, quoiqu'ils n'aillent pas à la mer, il eſt tenu regiſtre dans les bureaux des claſſes, pour les envoyer, ſur-tout en temps de guerre, travailler dans les ports & arſenaux de Sa Majeſté, tant aux conſtructions & radoubs de ſes vaiſſeaux, qu'à divers autres atteliers, ne ſeront point incorporés dans les compagnies détachées de la Garde-côte, mais seulement dans celles du guet, quand ils ne seront point employés au service de Sa Majesté, & qu'ils se trouveront chez eux. Les Officiers des classes remettront à cet effet au subdélégué un état certifié d'eux, des hommes qui se trouveront dans le cas d'être dispensés de servir dans lesdites compagnies.

X X V I.

ENTEND Sa Majesté que les mêmes exemptions qui ont lieu pour le service des milices dans l'intérieur du Royaume, soient accordées pour celui des Milices Garde-côtes, & que toutes les contestations qui pourroient naître pour raison desdites exemptions, soient décidées par l'Intendant de la province.

X X V I I.

LES habitans des paroisses sujettes à la Garde-côte, chargés de la collecte des tailles, seront exempts de tout service sur la côte pendant le temps seulement qu'ils exerceront lesdits emplois; & la même exemption de service sera également accordée aux domestiques attachés à la personne des Gentilshommes portant leur livrée. Entend Sa Majesté que toutes les contestations qui pourroient naître pour raison desdites exemptions, soient décidées par l'Intendant de la province.

X X V I I I.

LES Subdélégués que l'Intendant de la province aura commis pour faire faire le tirage dans les paroisses & communautés Garde-côtes, en présence du Capitaine général de chaque capitainerie, dresseront des rôles par paroisses & par compagnies, des hommes qui se seront présentés de bonne volonté, & de ceux auxquels le sort sera tombé; dans lesquels rôles seront portés leurs noms, signalement & demeure. Il en sera envoyé un à l'Intendant de la province par lesdits Subdélégués, & chaque Capitaine général de la capitainerie en gardera aussi un dont il fera faire des relevés pour chacune des huit compagnies détachées de fa capitainerie, qu'il remettra aux Capitaines defdites compagnies.

X X I X.

LE Major de chaque capitainerie fera tenu d'avoir un regiftre qui contiendra les noms, fignalemens & demeures des habitans qui compofent les huit compagnies détachées de ladite capitainerie, dans lequel fera marquée la date de leur entrée dans lefdites compagnies, afin d'y avoir recours lorfqu'il fera queftion du licenciement.

X X X.

APRÈS que toutes les compagnies détachées auront été formées par la voie du fort, & les rôles remis à chaque capitaine defdites compagnies, lefdits Capitaines choifiront dans les cinquante hommes dont leurs compagnies feront compofées, ceux qui leur paroîtront les plus capables de remplir les places de Sergens, Caporaux, Anfpeffades & Tambour, & ils feront tenus de les faire approuver par le Capitaine général de leur capitainerie.

X X X I.

TOUS les habitans des paroiffes & communautés foûmifes à la Garde-côte, feront réputés devoir chacun cinq années de fervice dans lefdites compagnies détachées, à moins qu'ils ne foient infirmes ou dans les cas exceptés par l'article XXV de la préfente ordonnance, & ils ne pourront être licenciés qu'après ledit temps.

X X X I I.

LES compagnies détachées fe raffembleront par compagnie tous les premiers Dimanches de chaque mois, dans le chef-lieu noté, & le Capitaine & le Lieutenant auront foin de les y inftruire au maniement des armes & aux évolutions militaires. Le Capitaine général, le Major & l'Aide-major de chaque Capitainerie, affifteront, enfemble ou féparément, aufdites revûes particulières, de manière que dans le courant de l'année, chacun d'eux ait été préſent, au moins une fois, à l'une des revûes d'exercice de chaque compagnie détachée; & le Capitaine général rendra compte, tous les trois mois, au Secrétaire d'État ayant le département de la Marine, deſdites revûes particulières.

XXXIII.

OUTRE ces aſſemblées particulières par compagnie, il y aura tous les ans dans chaque capitainerie deux aſſemblées ou revûes générales de l'Inſpecteur général Garde-côtes, où les huit compagnies détachées ſeront formées en corps & raſſemblées pendant huit jours. La première ſera fixée par ledit Inſpecteur général, dans le courant du mois de mai, & la ſeconde dans le courant du mois de ſeptembre, & ledit Inſpecteur général aura ſoin d'envoyer un extrait deſdites revûes au Secrétaire d'État ayant le département de la Marine, & un pareil extrait à l'Intendant de la province.

XXXIV.

EN cas de maladie ou d'empêchement de la part de l'Inſpecteur général, il ſera commis un autre Officier, par ordre de Sa Majeſté, pour, en l'abſence dudit Inſpecteur général, faire leſdites revûes générales, deſquelles il enverra pareillement l'extrait au Secrétaire d'État ayant le département de la Marine.

XXXV.

VEUT Sa Majeſté, que pendant les huit jours que chacune deſdites revûes générales dureront, & que les compagnies détachées de chaque capitainerie ſeront aſſemblées en corps, la ſolde ſoit payée auxdites compagnies détachées, à raiſon pour chaque jour; de ſix livres aux Capitaines généraux, de quatre livres aux Majors, de trois livres aux Aides-majors & aux Capitaines des compagnies détachées, de vingt-cinq ſols aux Lieutenans deſdites compagnies, de dix ſols aux Sergens, de ſept ſols ſix deniers aux Caporaux, de ſix ſols ſix deniers aux

Anſpeſſades & aux Tambours, & de cinq ſols ſix deniers aux Fuſiliers.

XXXVI.

LEs états d'appointemens des Officiers de l'État-major & ceux de la ſolde des compagnies détachées aux revûes générales, feront arrêtés tous les ſix mois par l'Intendant de la province, & payés ſur les fonds qui feront à ce deſtinés, lors des deux revûes générales, par ceux qu'il commettra à cet effet, & leſdits états d'appointemens & ſolde, enſemble les comptes de payement d'iceux feront envoyés après chaque revûe générale par l'Intendant de la province au Secrétaire d'État ayant le département de la Marine.

XXXVII.

TOUT Sergent, Caporal, Anſpeſſade, Fuſilier & Tambour, ne pourra, pendant les cinq années de ſon ſervice dans les compagnies détachées, s'abſenter de ſa communauté pour plus de huit jours, ſans une permiſſion par écrit de ſon Capitaine, & ſera tenu de ſe trouver exactement aux revûes, tant générales que particulières, ſous peine de trois jours de priſon contre ceux qui, ſans excuſe ou empêchement légitime, manqueroient auxdites revûes.

XXXVIII.

LE ſervice des compagnies détachées ſera réglé par le Gouverneur ou Commandant général de la province, ſuivant l'exigence des cas.

XXXIX.

VEUT au ſurplus Sa Majeſté, que les Milices Garde-côtes aient la liberté, dans les temps ordinaires, de vaquer à leurs travaux & affaires particulières, ſans qu'il puiſſe leur être impoſé aucune contrainte, corvée ou ſervice journalier par leurs Capitaines, Lieutenans ou Officiers-majors, qui ne pourront les aſſembler que pour les jours indiqués pour les revûes particulières des compagnies & pour l'aſſemblée des capitaineries, ou sur les ordres du Commandant général de la province.

X L.

LES Tailleurs de pierre, Maçons, Armuriers & autres Ouvriers qui seront demandés pour le service des bâtimens civils de Sa Majesté, dans ses arsenaux ou dans les forts, ne pourront être dispensés de suivre cette destination, quand bien même ils seroient incorporés dans les compagnies détachées. Ils seront tenus avant leur départ, de présenter au Capitaine de leur compagnie, l'ordre qu'ils auront reçû d'aller travailler à ce service, & à leur retour ils rentreront dans les mêmes compagnies.

X L I.

IL sera libre aux habitans, depuis l'âge de seize ans jusqu'à trente-cinq, qui n'auront pas encore été à la mer, de s'engager, s'ils le jugent à propos, sur les navires qui font la course, le commerce & le cabotage, quand bien même ils auroient été incorporés dans les compagnies détachées ou du Guet; bien entendu, cependant, qu'ils seront déclarés Navigateurs, & comme tels sujets à être embarqués trois mois, au plus tard, après la déclaration qu'ils auront faite du dessein où ils seront de prendre le parti de la navigation, sans quoi ils seront rétablis sans difficulté dans leurs compagnies & y continueront leur service.

X L I I.

IL ne sera licencié chaque année que dix hommes par chaque compagnie détachée, lesquels seront remplacés, ainsi que ceux qui pourront être morts, par les mêmes communautés d'où ils ont été tirés; mais sur les considérations de la forme naissante desdites compagnies détachées, Sa Majesté veut que le licenciement ne puisse avoir lieu qu'après les deux premières années de leur service, & qu'il se fasse successivement par la voie du sort. L'Intendant de la province donnera à cet effet des congés aux Soldats Garde-côtes desdites compagnies qui seront licenciés. Entend Sa Majesté, que toutes les plaintes & discussions qui pourroient survenir pour raison desdits licenciemens

& remplacemens, soient portées devant ledit sieur Intendant, pour y être par lui statué suivant l'exigence des cas.

X L I I I.

A la revûe générale de septembre de chaque année, l'Inspecteur géneral, ou celui qui aura été commis par Sa Majesté pour faire les revûes générales en son absence, fera le licenciement ordonné par l'article précédent, pour être ensuite procédé dans chaque paroisse ou communauté au remplacement par les Subdélégués, en présence des Capitaines généraux des capitaineries, ainsi & de la manière qu'il en aura été jugé pour la formation des compagnies détachées.

X L I V.

CEUX des Milices desdites compagnies détachées, qui par maladie ou autrement, seroient les moins propres au service, seront compris par préférence dans le premier licenciement, & les remplacemens qui s'en feront, seront toûjours, comme il est dit ci-dessus, à la charge des mêmes paroisses & communautés, sans qu'aucune autre puisse être tenue d'y contribuer, en sorte que chaque communauté fournira toûjours le même nombre d'hommes qui sera porté par le règlement indiqué par l'article XIX de la présente ordonnance.

X L V.

CEUX qui auront été une fois licenciés, après avoir rempli leur service personnel, seront dispensés de servir dans les compagnies détachées, & seront seulement employés dans les compagnies du Guet, à moins qu'il ne se trouvât point dans leur paroisse ou communauté d'autres hommes en état de faire le service dans lesdites compagnies détachées; auquel cas, ils seroient obligés de reprendre le tour du sort.

X L V I.

LES habitans des paroisses sujettes à la Garde-côte, qui quitteront leurs paroisses pour se soustraire au sort, pourront être arrêtés à la diligence de ceux de la même paroisse sur qui le fort fera tombé, & feront alors infcrits, à leur décharge, fur le rô'e des Miliciens des compagnies détachées, s'ils ont les qualités requifes, fans qu'ils puiffent être congédiés qu'après leurs cinq années de fervice expirées.

XLVII.

CEUX qui fe trouveront obligés de s'abfenter de leurs paroiffes pour affaires particulières, feront tenus de faire tirer au fort pour eux, à défaut de quoi ils fubiront la même peine portée par l'article XLVI ci-deffus.

XLVIII.

LES habitans de l'intérieur des terres qui viendront demeurer dans les paroiffes fujettes à la Garde-côte, ne pourront entrer dans les compagnies détachées pendant les deux premières années de leur féjour dans lefdites paroiffes de la côte; ils feront fujets pendant lefdites deux années aux mêmes charges que ceux de la paroiffe qu'ils auront quittée, & pourront en conféquence être reclamés comme fuyards de la milice de terre.

XLIX.

LES habitans des paroiffes fujettes à la Garde-côte qui abandonneront leur réfidence pour fe retirer dans celles de l'intérieur des terres, & qui ne feront ni claffés ni incorporés dans les Milices Garde-côtes, pourront être pris pour Miliciens de terre dès avant la fin de la première année de leur féjour dans les paroiffes où ils fe feront retirés.

L.

LE tirage au fort dans les paroiffes & communautés Garde-côtes pour les remplacemens, fera fait de manière, qu'au mois de mars de chaque année, lefdites compagnies foient complètes fur le pied de cinquante hommes chacune.

LI.

L'INTENTION de Sa Majefté eft, que pour dédommager les Subdélégués des dépenfes & des peines que les opérations à faire pour le tirage au fort, lors de la formation des compagnies détachées & pour les remplacemens, leur occasionneront, il leur soit payé par les paroisses & communautés, savoir; trente sols par chaque Milicien à qui le sort aura tombé pour former lesdites compagnies, & trois livres pour chacun de ceux qui remplaceront les licenciés & les morts.

L I I.

DANS le cas où les compagnies détachées seroient assemblées en corps pour la défense de la côte, il sera pourvû à leur solde sur le pied réglé par l'article XXXV de la présente ordonnance.

L I I I.

TOUT Milicien desdites compagnies détachées, qui manquera à l'obéissance qu'il doit à ses Officiers en ce qu'ils lui ordonneront pour le service de Sa Majesté, sera puni sur le champ d'un jour de prison : il en sera rendu compte au Capitaine général, qui, suivant l'exigence, pourra ordonner une plus longue détention; & en ce cas, il en informera l'Inspecteur général.

L I V.

VEUT Sa Majesté que les dispositions portées par le règlement du 2 mai 1712, soient observées par rapport aux jugemens à rendre pour les crimes & délits militaires qui seront commis par les Milices Garde-côtes; & à l'égard des cas qui n'y ont pas été prévûs, l'intention de Sa Majesté est, que le Conseil de guerre se conforme à son ordonnance sur les crimes & délits militaires pour les troupes de terre, défendant cependant à tous les Officiers assemblés pour juger lesdits crimes & délits militaires par les Garde-côtes, de faire exécuter les jugemens qu'ils rendront, qu'après en avoir reçû l'ordre de Sa Majesté par le Secrétaire d'État ayant le département de la Marine, auquel lesdits jugemens seront envoyés.

L V.

TOUS les habitans sujets au service de la Garde-côte, qui

resteront dans chaque paroisse ou communauté après que les hommes qu'elle devra fournir pour les compagnies détachées en auront été tirés, formeront une compagnie qui sera appélée *Compagnie du Guet*, dans laquelle seront aussi compris dans la suite ceux qui seront licenciés après le temps de leur service expiré, & les jeunes garçons à mesure qu'ils atteindront l'âge de seize ans.

L V I.

CHAQUE compagnie du Guet aura un Capitaine avec un ou plusieurs Lieutenans, suivant la force des paroisses & communautés, & lesdits Capitaines & Lieutenans du Guet seront choisis parmi les principaux habitans de la communauté, & seront nommés par le Capitaine général de la capitainerie, qui leur donnera des commissions, lesquelles seront visées par l'Inspecteur général, & approuvées par le Gouverneur ou Commandant général de la province.

L V I I.

LES compagnies du Guet ne seront assujéties à aucun service en temps de paix, les habitans desdites paroisses & communautés seront seulement tenus de s'assembler chaque année, lors du tirage pour la contribution qu'elles auront à fournir aux compagnies détachées, & il en sera fait pour lors une revûe ou dénombrement dont le rôle sera dressé par les Maire & Consuls des lieux, conjointement avec le Capitaine & le Lieutenant de la compagnie du Guet, & en présence du Subdélégué qui sera commis par l'Intendant de la province pour le tirage de la paroisse, lequel rôle apostillé de l'âge, profession & taille de chacun desdits habitans, sera remis par le Subdélégué à l'Intendant, & par lui envoyé par extrait au Secrétaire d'État ayant le département de la Marine.

MANDE & ordonne Sa Majesté à Monf. le Duc de Penthièvre Amiral de France, au Gouverneur ou Commandant général en Languedoc, & autres Officiers qu'il appartiendra, comme auſſi à l'Intendant, Commiſſaire départi en ladite province, de tenir la main, chacun en ce qui le regarde, à l'exécution de la préſente ordonnance, qui ſera enregiſtrée aux greffes des Amirautés de ladite province. FAIT à Verſailles le quinze mai mil ſept cent cinquante-huit. *Signé* LOUIS. *Et plus bas,* PEIRENC DE MORAS.

LE DUC DE PENTHIÉVRE,
Amiral de France.

VÛ l'Ordonnance du Roi, ci-deſſus & des autres parts, à nous adreſſée. MANDONS à tous ceux ſur qui notre pouvoir s'étend, de l'exécuter ſuivant ſa forme & teneur, & ordonnons aux Officiers des Amirautés de la province de Languedoc, de la faire enregiſtrer aux greffes de leurs Siéges. FAIT à Paris le dix-ſept mai mil ſept cent cinquante-huit. *Signé* L. J. M. DE BOURBON. *Et plus bas,* Par Son Alteſſe Séréniſſime. *Signé* DE GRANDBOURG.

POUR LE ROI. { *Collationné aux originaux, par Nous Écuyer, Conſeiller Secrétaire du Roi, Maiſon, Couronne de France & de ſes finances.*

A PARIS, DE L'IMPRIMERIE ROYALE. 1758.